LE MODÈLE

DU

JEUNE ASPIRANT

A L'ÉTAT ECCLÉSIASTIQUE

Cette Notice est la reproduction de celle éditée à Aix, en 1830, et trouvée dans les papiers de M. Joseph Roche, *frère du jeune* Louis.

LE MODÈLE

DU

JEUNE ASPIRANT

A L'ÉTAT ECCLÉSIASTIQUE

OU

NOTICE SUR LA VIE DE M. ROCHE

CLERC TONSURÉ

Suivie

DE SON RÈGLEMENT PARTICULIER DU SÉMINAIRE
ET DE SES SENTIMENTS SUR SON ORDINATION

> Consummatus in brevi explevit
> tempora multa. (SAP. IV, 18.)

ABBEVILLE

IMPRIMERIE C. PAILLART

1889

AVERTISSEMENT

Il semble inutile d'avertir le Lecteur qu'on s'est moins attaché, dans cet écrit, à plaire par le style qu'à édifier par le simple récit des exemples de vertu que présente la vie du jeune Clerc qu'on offre pour modèle aux jeunes élèves du sanctuaire. Voilà, en effet, le but que nous nous sommes proposés, et nous croirions ne l'avoir pas rempli, si nous eussions suivi une autre méthode. D'ailleurs, nous aurions à nous reprocher de n'avoir pas mis en pratique cet esprit de simplicité qui caractérisait ce fervent ecclésiastique.

Nous osons nous flatter que nous serons approuvés de tous ceux qui liront cette notice dans ce même esprit, et nous déclarons qu'elle n'est point faite pour d'autres.

LE MODÈLE

DU

JEUNE ASPIRANT

A L'ÉTAT ECCLÉSIASTIQUE

Antoine-Hyacinthe-Louis ROCHE, naquit à Noves, dans le diocèse d'Aix, le 25 août 1810. Ses vertueux parents ne négligèrent rien pour former de bonne heure son cœur à la vertu, et le succès le plus heureux couronna leurs efforts. Louis, par son ingénuité et son obéissance, par son goût naissant pour la piété, faisait les charmes de sa pieuse mère. Etranger aux amusements frivoles et ordinaires de son âge, on vit paraître en lui, dès sa plus tendre enfance, une retenue rare et un attrait particulier pour la retraite. De si heureuses dispositions firent présager, dès lors, à quel degré de vertu il s'élèverait, lorsque l'âge l'aurait mûri.

Il apprit les premiers éléments de la grammaire à Avignon, où il demeura jusqu'en 1822. A cette époque, il suivit à Tarascon ses parents, appelés par leur emploi dans cette ville, et fut placé comme externe au collége, pour s'y appliquer à l'étude du latin. L'aménité de ses mœurs, la douceur de son caractère, un certain air de modestie et de candeur que relevait une piété sincère, lui eurent bientôt concilié l'estime et l'affection de ses maîtres et de ses condisciples. Guidé par cet esprit de foi qui, dans les supérieurs fait découvrir la personne même de Jésus-Christ, il leur obéissait exactement en toutes choses, et jamais on ne l'entendit murmurer ou se plaindre d'aucune de leurs dispositions à son égard. Exact à tous les devoirs d'écolier et de chrétien, il avançait également dans la carrière des sciences et dans celle de la vertu.

A l'âge de treize ans, Louis fut admis aux exercices préparatoires de la première communion. Une ardeur toute nouvelle, un recueillement profond, des prières ferventes jointes à des pénitences corporelles (ce qui est assez éloigné de la délicatesse de cet âge), le disposèrent à la réception de cet auguste Sacrement. Aussi son âme fut-elle inondée de délices en participant au céleste banquet. Sa piété, loin de se ralentir ensuite, comme il n'arrive que trop souvent, parut s'accroître de plus en plus. On le vit bientôt s'approcher de la Sainte Table, toutes les semaines, avec une ferveur proportionnée à la vivacité de sa foi. Son visage portait alors l'empreinte d'une paix toute céleste ; ses yeux, ses mains, ses mouvements et tout son corps ne respiraient que feu et amour. Ce n'était point là de ces émotions passagères qui ne laissent aucune trace après elles ; il y avait quelque chose de plus solide et de plus durable dans la ferveur de Louis. Aussi attentif à conserver son trésor, qu'il montrait d'empressement à le recevoir, il ne passait jamais la semaine sans s'approcher du Sacrement de la réconciliation. C'était avec les marques et les sentiments de la plus grande componction, qu'il s'accusait des fautes qui lui étaient échappées, et bien souvent on l'a vu, les yeux baignés de larmes, au sortir du Sacré Tribunal.

La foi vive dont il était animé, son ardent amour pour Jésus-Christ, en firent un des plus assidus et des plus fervents adorateurs de ce Dieu caché sous les voiles eucharistiques. Au sortir de la classe, le pieux Ecolier ne manquait jamais d'entrer dans l'église qui se trouvait sur son chemin, pour aller rendre ses hommages à celui de qui seul il attendait le succès de ses travaux. Plusieurs ont été frappés de son recueillement dans le lieu saint. On l'y voyait immobile, les yeux fixés sur l'autel ou modestement baissés vers la terre, le corps humblement incliné, tel à peu près qu'on nous peint les Anges adorateurs. Etranger à tout ce qui se passait autour de lui, il paraissait abîmé dans la contemplation des grandeurs et des bontés de son Dieu ; rien n'était capable de le distraire de l'espèce de ravissement où se trouvaient alors les puissances de son âme. C'est là qu'il puisait cette dévotion tendre et affectueuse qu'il eut toujours pour le Cœur de Jésus, et on sait avec quelle ferveur il s'acquittait des pieuses pratiques usitées dans l'association dont il était membre. C'est à cette fidélité constante, on peut le croire, qu'il dut le bonheur de mourir un premier vendredi du mois, jour spécialement consacré par l'Eglise à cette dévotion.

La dévotion à Marie est inséparable de celle que l'on a pour son Fils ; elle est même un des principaux caractères qui distinguent les prédestinés. Aussi Louis ne négligeait rien de ce qui pouvait honorer cette auguste Reine des Vierges. Il aimait à exalter ses grandeurs, à publier ses louanges ; il la faisait envisager à ses amis comme la plus grande protectrice que nous ayons auprès de Dieu, et sans le secours de laquelle il est bien difficile, pour ne pas dire impossible, de parvenir au salut. Son amour pour Marie se montrait surtout par l'empressement qu'il avait à se faire recevoir dans les associations établies en son honneur, et par sa fidélité à remplir les obligations qui y sont attachées. Son plus grand plaisir était d'aller en pèlerinage à une ancienne chapelle, située sur une colline à une lieue de Tarascon, dédiée à la Très-Sainte Vierge, pour laquelle on a dans cette ville et dans les lieux circonvoisins une grande dévotion. Il choisissait pour cela les jours de grands congés, consacrant ainsi à la Reine du Ciel un temps de délassement que les autres donnaient à des amusements frivoles. Il n'avait pas moins à cœur d'honorer et d'invoquer les Saints Anges, et surtout son bon Ange Gardien ; il les saluait dans la personne de ceux qu'il rencontrait, et ne manquait jamais de consacrer à leur culte un jour de chaque mois. C'est ainsi qu'il savait mettre à profit les moyens que sa piété lui suggérait pour s'avancer dans le chemin de la vertu. Aussi le Seigneur, témoin de sa fidélité constante aux mouvements de sa grâce, se plaisait-il à répandre sur lui ses dons les plus précieux.

Ce fut à peu près vers l'époque dont nous venons de parler que Louis reçut le Sacrement de Confirmation. Cette nouvelle faveur devint pour lui une nouvelle source de grâce par la sainteté des dispositions qu'il y apporta. Il prit alors la résolution de consacrer chaque jour un temps plus considérable à la méditation des vérités du salut. Ses plus délicieux moments étaient ceux où, se dérobant aux vains regards des hommes, il se trouvait seul avec Dieu et répandait librement son cœur en sa présence. C'est dans ces intimes communications qu'il puisait ce zèle ardent qu'il avait pour sa gloire et pour le salut du prochain. Il s'était choisi, parmi les plus pieux et les plus sages de son âge, un petit nombre d'amis avec lesquels il prenait ses plus grands délassements, et dont lui seul faisait sans le savoir toutes les délices, par la gaîté de son caractère et par l'intérêt de sa conversation. Sa piété sage et éclairée lui avait acquis sur eux une sorte d'autorité dont il n'usa jamais que pour les porter au bien. Les charmes de la vertu, les grandeurs de Marie, les amabilités infinies du Sacré-Cœur de Jésus, étaient le sujet ordinaire dont ils les entretenait. On n'eût jamais osé dire en sa présence une parole déplacée, ni tenir des discours capables d'inspirer l'amour du monde et de ses vanités. Si cependant il se croyait quelquefois obligé de faire la correction fraternelle, c'était toujours avec une douceur et une adresse admirables. auxquelles on ne pouvait résister. C'est ainsi qu'il était au milieu de ses amis comme un Ange de bon conseil. Plusieurs ont déclaré depuis, que, dans plus d'une occasion, ils avaient éprouvé la sagesse de ses avis, et quelques-uns même ont avoué qu'ils s'étaient quelquefois repentis de s'en être écartés.

Plein des plus bas sentiments de lui-même, il se regardait comme le plus grand des pécheurs, comme un homme tout à fait inutile et qui ne méritait que le mépris et l'horreur. De là son attention à dérober à la connaissance des hommes et de ses amis eux-mêmes, tout ce qui aurait pu lui attirer leur estime et leur approbation. Dès son entrée au collège de Tarascon jusqu'à la fin de ses études, une application soutenue lui mérita constamment les premiers rangs sur tous ses condisciples, et jamais il ne manquait de remporter à la fin de l'année quelques-uns des prix les plus honorables, parmi lesquels il faut compter celui de sagesse. Cependant, au milieu de tant d'occasions flatteuses pour l'amour-propre, sa modestie et son humilité ne se démentirent jamais. Si l'on faisait son éloge en sa présence, l'air de mécontentement répandu sur son visage suffisait le plus souvent pour mettre fin à des louanges dont il était le seul à s'estimer indigne. Quelquefois même, profitant de l'autorité que lui donnait sa vertu, il imposait silence à ceux de ses amis qui voulaient insister.

Que n'aurions-nous pas à dire de sa charité pour les pauvres! il ne pouvait voir leur misère sans en être attendri, et ses parents admirèrent plus d'une fois le respect avec lequel il leur distribuait lui-même ses aumônes. L'argent qu'on lui donnait pour ses menus plaisirs, joint aux offrandes de plusieurs de ses amis, était employé à acheter des fruits ou des douceurs qu'il allait distribuer de ses propres mains aux malades de l'hôpital. Combien d'autres traits semblables ne pourrions-nous pas citer, si l'humilité de Louis n'avait eu soin de les tenir cachés! C'était par le même esprit de charité qu'il préférait toujours, lorsqu'il achetait quelque ouvrage, ce qu'il y avait de plus simple et de plus commun, afin d'économiser quelque chose pour les pauvres.

Cependant une nouvelle carrière allait s'ouvrir devant lui. Depuis sa première communion, il nourrissait dans son cœur la pensée et le désir de se consacrer à Dieu dans l'état ecclésiastique. Ayant donc terminé ses études au collège de Tarascon, et ne trouvant plus aucun obstacle à l'exécution de ses désirs, il pressa ses parents de lui permettre de suivre ses amis au séminaire d'Aix (1), pour y commencer avec eux son noviciat au sacerdoce. Ceux-ci ne manquèrent pas de lui faire des représentations sur la délicatesse de sa santé, sur sa grande jeunesse et sur le besoin qu'il avait de se reposer des fatigues de ses premières études. Mais le voyant toujours ferme dans sa résolution, ils crurent devoir céder à ses vives instances. Seulement ne pouvant se séparer d'un fils si digne de leur tendresse, ils préférèrent le placer au séminaire d'Avignon, afin qu'étant moins éloignés de lui, ils pussent continuer à lui prodiguer leurs soins. Enfant docile et respectueux, Louis ne crut pas pouvoir s'opposer en cela au désir de ses parents ; il se résolut donc à quitter ses amis, quelque douloureuse que fût pour lui cette séparation : Dieu avait parlé, il ne songea plus qu'à se soumettre, et il se rendit au séminaire d'Avignon au mois d'octobre 1827 ; il était alors âgé de dix-sept ans.

Ce fut dans cette maison, si avantageusement connue sous le nom de *Séminaire de Saint-Charles,* que Louis se distingua par une fidélité constante à tous les devoirs d'un bon séminariste.

(1) Séminaire diocésain.

Sa vertu déjà solide parut alors se trouver dans son élément. Elle prit même un accroissement sensible au milieu des bons exemples qu'il avait sous les yeux. Un de ses premiers soins fut de s'informer exactement de tous les points du règlement, pour en faire dès lors le principe et la règle de sa conduite. Aussi se montra-t-il toujours un modèle accompli d'obéissance et de ponctualité. Quitter tout au premier son de la cloche, garder le silence le plus exact, hors le temps de la récréation, obéir dans les petites choses aussi bien que dans les plus importantes, ne jamais faire un pas sans permission : telle fut, en peu de mots, sa vie de tous les jours et de tous les moments. Mais tout cela ne contentait pas encore son amour pour la règle ; à l'exemple de tous les bons séminaristes qui ont à cœur de profiter de leur séjour au Séminaire, il eut soin de se tracer un règlement particulier, qui entrait dans les plus petits détails, et qui lui prescrivait non-seulement ce qu'il avait à faire dans la journée, mais encore l'esprit qui devait l'animer dans toutes ses actions (1). Il le fit approuver par son Directeur, et le reçut de ses mains comme une nouvelle loi, en sorte qu'il ne faisait rien, et qu'il n'avait pas, pour ainsi dire, une seule pensée, sans le mérite de l'obéissance. Parfaitement docile à l'égard de tous ses supérieurs, il aurait cru faire un crime, s'il ne leur avait pas obéi

(1) Voyez ce règlement à la suite de cette Notice.

promptement. Un simple désir de leur part était pour lui une marque certaine de la volonté de Dieu. On peut en juger par le trait suivant : son professeur de philosophie ayant un jour témoigné qu'il désirait qu'on eût les livres fermés en classe, c'en fut assez pour que Louis s'imposât la loi de ne les ouvrir jamais. Il fit la même chose aux classes d'Ecriture-sainte, et cela pendant tout le temps qu'il resta au Séminaire.

La règle désire que l'on se fasse renouveler, tous les mois, les permissions qu'on peut avoir pour raison de santé. Ce simple désir suffisait à Louis pour s'en faire un devoir auquel il ne manqua jamais. Un jour, étant allé chez M. le Supérieur, dans le dessein de se faire renouveler la permission qu'il avait de prendre quelque chose au déjeûner, ne l'ayant pas trouvé, au lieu de présumer cette permission, il ne voulut pas en user ce jour-là, et il refusa la soupe qu'on lui avait apportée. Un de ses amis lui en témoigna son étonnement en récréation ; il répondit avec naïveté, que le mois s'était écoulé, et qu'il n'avait pu voir M. le Supérieur. Mais, répliqua son ami, ne doit-on pas présumer la permission en ce cas ? Je ne l'avais pas cru, répondit l'humble jeune homme, cachant ainsi sans mentir la générosité de son sacrifice. Combien d'autres traits semblables ne pourrions-nous pas citer, si nous ne craignions d'arrêter trop longtemps le lecteur ! Ce que nous en avons dit suffira sans doute pour donner une idée de l'esprit qui l'animait dans toutes ses actions.

Mais, de toutes les pratiques usitées dans les Séminaires, il n'en est pas assurément de plus nécessaire à un ecclésiastique que la direction. On ose assurer que c'est de là que dépend tout le fruit de son séjour au Séminaire. Car, comment pourra-t-il se corriger de ses défauts, surmonter les obstacles qui se rencontrent à chaque pas dans le chemin de la vertu, acquérir l'esprit de son état, et s'assurer de la volonté de Dieu en entrant dans les saints ordres, s'il ne se découvre tout entier à son Directeur, et s'il ne se soumet aveuglément à ses volontés. Hélas ! que de peines et d'anxiétés ne s'épargnerait-on pas si l'on était fidèle à cette sainte pratique, si fortement recommandée par tous les maîtres de la vie spirituelle ! Oh ! que Louis en connaissait bien l'importance et la nécessité ! Aussi, ne faisait-il jamais rien sans avoir consulté son Directeur. Il lui découvrait, avec la simplicité d'un enfant, tout ce qui se passait dans son âme ; il lui faisait part de ses projets, de ses désirs, et n'avait rien de caché pour lui. C'était son Directeur qui lui traçait l'ordre et la méthode qu'il devait suivre dans ses études et dans ses exercices de piété. Louis lui confiait encore le soin de sa santé, jusque-là qu'il n'eût jamais accepté le moindre soulagement sans son approbation. Un de ses condisciples le blâmant un jour de ce qu'il prenait des notes en classe, et lui faisant remarquer que cela pourrait préjudicier à sa santé déjà fort affaiblie, le fervent Séminariste lui répondit avec simplicité qu'il avait bien raison, mais que le bon Dieu le voulait ainsi, puisque telle était la volonté de son Directeur. *Au reste*, ajouta-t-il, *si cela me procure quelque infirmité, eh bien, je souffrirai un peu pour le bon Dieu, et par ce moyen, j'expierai mes péchés passés*. On jugera encore de l'importance qu'il attachait à la soumission au Directeur par ce conseil qu'il donnait dans une lettre à un de ses amis : « Quoique le Séminaire ait tant « d'attraits, je vous invite à ne pas vous hâter d'y « retourner, si vous n'êtes pas encore parfaitement « remis. *Vous savez ce que vous a dit là-dessus « M. votre Directeur*; il vous exhorte à prendre « en esprit de pénitence le délai que vous mettrez à « retourner dans la solitude. J'espère que j'aurai un « peu de part à cette pénitence, car vous savez, mon « cher, que j'en ai un grand besoin. »

Fidèle dans les petites choses, il ne l'était pas moins dans les plus grandes. Il savait s'élever jusqu'aux vertus les plus sublimes du christianisme. Son amour pour les mortifications l'aurait porté bien souvent à de pieux excès, s'il n'avait été dirigé par l'obéissance ; car, sans parler ici de ces petites satisfactions qu'il aurait pu se permettre sans péché, et qu'il refusait à la nature par amour pour la Croix, il affligeait sa chair par des austérités peu convenables à la délicatesse de son âge et à la faiblesse de sa santé. Les instruments de pénitence qu'on lui a trouvés après sa mort, montrent bien que, depuis longtemps, il réduisait son corps en servitude : quoique d'une complexion très-délicate, il n'usa jamais des petits ménagements que suggère aux personnes moins ferventes le soin de leur santé. Pendant les deux années qu'il passa au Séminaire, il occupa successivement deux chambres si incommodes, que personne ne voulait les habiter ; cependant, malgré ses infirmités continuelles, il ne demanda jamais la permission de les quitter, se réjouissant intérieurement de pouvoir trouver en cela une occasion de se mortifier.

Sévère pour lui seul, il était plein d'indulgence pour les autres. C'était lui procurer le plus grand plaisir que de lui demander quelque service, et l'empressement avec lequel il se portait aux désirs de ses condisciples, montrait assez de quel esprit il était animé. Son zèle et sa charité s'exerçaient particulièrement sur les nouveaux venus ; les accueillant avec douceur, il les embrassait tendrement comme d'intimes amis, leur parlait avec intérêt de leur pays, de leurs études, et tâchait ainsi de gagner leur confiance, afin de leur inspirer ensuite un grand amour pour la règle. Il n'affectionnait pas moins ceux qui étaient malades ; il les visitait avec assiduité et leur prodiguait mille soins ; il tâchait de les égayer par ses discours, les aidant ainsi à supporter leur mal avec patience et avec résignation à la volonté de Dieu. Souvent on l'a vu aller trouver lui-même les infirmiers, pour leur recommander certains de ses condisciples qui, disait-il, ne se soignaient pas assez. D'autres fois, il sollicitait pour eux, auprès de Monsieur le Supérieur les permissions qu'ils n'osaient demander eux-mêmes.

Son zèle ne se bornait pas à l'intérieur de la maison et la distance même des lieux n'était pas un obstacle à son ardente charité ; le bien qu'il n'était pas à portée de faire par ses discours et par ses exemples, il le faisait par ses lettres. Rien de plus édifiant que ce qu'il écrivait à quelques-uns de ses anciens amis du collége, retirés alors au Séminaire d'Aix. Tantôt il leur parle de la paix et du bonheur dont il jouit dans son aimable solitude, tantôt il leur fait part de ses réflexions sur la sublimité du sacerdoce et sur la sainteté qu'il demande dans ceux qui y aspirent. D'autres fois il leur suggère quelque pratique de dévotion pour les aider à passer saintement le temps du Séminaire. « Si vous ne saviez « par expérience, écrivait-il à l'un d'eux, quel « plaisir on goûte dans le Séminaire, je m'attache- « rais à vous exposer en détail les raisons qui font « que je me trouve ici à merveille ; mais je me « dispense de le faire, parce que je parle à un « ecclésiastique qui goûte les mêmes avantages, et « qui applique au Séminaire ce que saint Bernard « disait de son Monastère : *O beata solitudo !* « *ô sola beatitudo !* »

Animé de cet esprit de foi qui sait élever le chrétien au dessus des sens, il avait un profond respect pour les moindres cérémonies de la religion, et pour tous les objets consacrés à son culte. Ainsi, il ne prenait jamais de l'eau bénite, il ne se revêtait jamais de sa soutane et de son surplis, qu'avec un vif sentiment de piété, qu'il ne pouvait s'empêcher de manifester au-dehors. Il tendait à faire les plus petites choses avec la plus grande perfection, persuadé que Dieu est plus honoré par ces œuvres communes que par les actions les plus éclatantes où l'orgueil et l'amour-propre ont souvent tant de part. Enfin, toute sa vie, au Séminaire, n'était qu'un holocauste continuel qui brûlait en secret et qui se consumait doucement pour la gloire de Dieu.

Une autre vertu non moins chère à Louis, c'était la pauvreté. Simple dans ses habits et dans tout ce qui était à son usage, il avait en horreur le faste et la vanité du siècle. « A Dieu ne plaise, dit-il, « dans ses résolutions, que je profane jamais par « le luxe le saint habit de religion dont l'Eglise a « daigné me revêtir ; ainsi, je tiendrai ferme si l'on « me propose quelque chose qui ne convienne pas « à l'esprit de pauvreté. » On peut juger de sa fidélité sur ce point par les traits édifiants dont nous pouvons garantir l'authenticité.

Il avait apporté un couvert en argent, lorsqu'il entra au Séminaire pour la première fois, persuadé que tous les autres séminaristes en faisaient de même. S'étant aperçu du contraire, il prit la résolution de ne plus s'en servir, et il y fut depuis constamment fidèle. Un de ses condisciples lui dit un jour que son surplis était très-beau et qu'il lui allait à merveille ; Louis recevant cette espèce de compliment comme une monition, ne parut plus avec ce surplis. Un autre jour son père lui fit dire de se faire faire une soutane pour les dimanches, parce que la seule qu'il avait commençait à s'user. Louis lui répondit respectueusement, qu'il le remerciait de son attention, et qu'il ne croyait pas en avoir besoin, qu'ainsi il le priait de lui permettre de ne pas l'accepter : *ce sera là*, ajouta-t-il, *un petit sacrifice qui sera agréable à Dieu ;* mais son père ne croyant pas devoir adhérer à ses raisons, qui lui étaient inspirées par son amour pour la pauvreté, lui envoya lui-même le drap, avec ordre de le livrer au tailleur. Le pieux jeune homme se vit alors forcé de se soumettre ; mais il ne mit la soutane que lorsque la nécessité se joignant à l'obéissance ne lui permit plus de différer. C'est par le même esprit de pauvreté, qu'en arrivant en vacances pour la première fois, il refusa constamment la chambre qu'on voulait lui donner, quelque instance qu'on lui fît à cet égard. Il pria ses parents de lui en céder une autre plus simple et moins commode, qu'il occupa tout le temps que sa santé le lui permit.

Ce fut par l'exercice habituel de toutes ces vertus, que Louis se disposa à recevoir la tonsure cléricale. Cette action si importante aux yeux d'un bon séminariste, lui donna lieu d'écrire les sentiments qu'il y avait éprouvés et les avantages qu'il espérait en retirer pour tout le reste de sa vie. Nous avons placé cet écrit édifiant immédiatement après son Réglement particulier du Séminaire. Il pourra suppléer à ce que le temps ne nous permet pas de dire sur les autres vertus qui ornaient sa belle âme.

L'époque des vacances, si funeste à tant de jeunes gens, et trop souvent même à ceux qui ont vécu avec édification durant le cours de l'année classique, ne fit qu'affermir sa piété par l'attention qu'il eut de se précautionner contre les dangers du monde. « Me voici donc, écrivait-il à ce sujet, à un « de ses amis, me voici exposé aux dangers de « cette mer fertile en naufrages ; que deviendrai-je « donc, mon bien cher ami, comment pourrai-je « résister à la tempête, si vous ne vous hâtez de me « tendre une main secourable, en implorant pour « moi les grâces divines, et en invoquant à mon « secours la sainte Vierge et les bienheureux habi- « tants de la Cour céleste. C'est maintenant, plus « que jamais, mon cher, que j'ai besoin de secours « spirituels ; ne m'abandonnez pas, je vous en con- « jure, ayez pitié de moi, et que votre charité ne « me refuse pas ce que je lui demande, pour l'amour « de Dieu. » Ces sentiments de la crainte du monde dont il était pénétré, le portaient à une grande docilité aux avis qu'on ne manque jamais de donner à cet égard à la fin des exercices. Il avait soin de se tracer un règlement de vie, qu'il soumettait à l'approbation de son Directeur, et qu'il observait toujours avec la plus grande fidélité. Le lever, la méditation, les exercices de piété, l'étude, les heures mêmes de délassement, tout y était déterminé, et jamais cet ordre n'était interverti par le dégoût, ou par le caprice. Il ne profitait du loisir que lui offrait le temps des vacances, que pour donner un plus libre cours à sa ferveur. Il assistait tous les jours au saint sacrifice de la Messe avec le recueillement le plus profond. On eût dit que, perçant les ombres mystérieuses qui dérobent à nos yeux le Dieu de majesté, il voyait Jésus-Christ descendre sur l'autel ; son aspect retraçait alors celui d'un ange, et sa tendre mère ne l'appelait que de ce nom. Parmi les autres pratiques de dévotion dont il s'acquittait régulièrement, il faut compter la lecture spirituelle, les visites au saint Sacrement et à la sainte Vierge, le Chapelet et le petit Office, devoirs sacrés dont il ne se dispensa jamais.

Persuadé qu'il avait besoin d'un secours spécial pour se conserver dans la ferveur pendant ce temps d'épreuve, il ne passait jamais la semaine sans s'approcher des sacrements de Pénitence et d'Eucharistie. La délicatesse de sa conscience s'alarmait des moindres fautes, et de l'ombre même du péché. De là, cette garde fidèle de ses sens, cette vigilance continuelle sur tous les mouvements de son âme ; de là, ces recours à Dieu pleins d'amour et de confiance, cette fidélité inviolable dans les plus petites choses ; de là, enfin, son attention à marcher toujours en la présence de Dieu. C'est pour se perfectionner dans cette sainte pratique, qu'il portait habituellement sur lui l'*Exercice de la présence de Dieu,* par Vaubert ; ses autres livres favoris étaient *le Nouveau Testament, l'Imitation de Jésus-Christ et le Combat spirituel*, ayant coutume de dire, qu'avec ces quatre livres, on pouvait atteindre au plus haut degré de perfection. Cette vue continuelle de Dieu présent partout, répandait sur son extérieur un certain air de modestie et d'innocence, qui le faisait comparer à saint Louis de Gonzague, dont il fut toujours une copie vivante. On reconnaissait évidemment qu'il avait fait comme Job un pacte avec ses yeux, afin d'écarter toute image capable de ternir la pureté de son âme. Il avait une si grande horreur du péché, et une telle crainte de se laisser entraîner au mal, qu'il ne croyait pas pouvoir prendre trop de précautions pour s'en garantir. On peut en juger par ce que l'on a trouvé à ce sujet, dans les résolutions écrites de sa main : « Si je me « trouve, dit-il, avec des personnes d'un sexe diffé- « rent, ou même avec des laïques, qui puissent être « pour moi une occasion de péché, je me retirerai

« honnêtement, le plus tôt possible. » C'est pour la même raison qu'il faisait de sa chambre une vraie cellule dont il préférait le séjour à tout le reste. Il ne la quittait que pour se rendre à l'église, ou au milieu des jeunes séminaristes ses amis, qui passaient les vacances avec lui ; alors, selon sa pieuse coutume, il ne négligeait aucune des occasions que la Providence lui ménageait, pour les animer à la ferveur, sans avoir jamais l'air de donner des avis ; son humilité le tenait en garde sur ce point. Ceux qui ont eu des rapports avec lui se rappelleront toujours avec édification les saintes pensées, les pieux désirs, les bonnes résolutions dont ils se reconnaissent redevables à sa présence et à ses discours. A l'exemple de tous ceux qui tendent sérieusement à la perfection, il fit choix d'un moniteur qui devait l'avertir de tout ce qu'il aurait remarqué de moins régulier dans son extérieur, et c'était toujours avec joie et avec humilité qu'il recevait ses avis. Que le défaut fût réel ou apparent, il ne s'excusait jamais, et demandait comme une grâce qu'on ne l'épargnât point.

Ce fut ainsi que Louis respira l'air contagieux du monde sans en recevoir la moindre atteinte ; aussi, retournait-il au Séminaire, pour le moins aussi fervent qu'il en était sorti. Que ne devait-on pas se promettre pour la suite d'un jeune homme que l'on voyait déjà si avancé dans le chemin de la perfection ! Quel bien n'eût-il pas opéré dans le saint ministère après de tels commencements! mais il était déjà mûr pour le Ciel; en peu d'années, il avait parcouru une longue carrière, et il ne lui restait plus qu'à recevoir la couronne promise au bon et fidèle serviteur.

Une vie trop sédentaire et une application continuelle à l'étude avaient notablement altéré la santé de Louis. Il souffrait depuis longtemps des douleurs de poitrine, qui l'obligèrent plus d'une fois d'interrompre le cours de ses études, et de quitter même, par intervalles, le Séminaire. Cependant, ce ne fut qu'à la fin de l'année classique 1829, que son état commença à donner de vives inquiétudes. Un vomissement de sang, occasionné par la fatigue d'un voyage qu'il venait de faire à Avignon, fut le signal d'une grave maladie, qui lui fit éprouver six mois de langueur et de souffrances, au milieu desquelles son courage, sa patience et l'égalité de son âme ne se démentirent pas un seul instant. Il recevait avec un gracieux sourire ceux de ses amis qui venaient le visiter sur son lit de douleurs. Son plus grand plaisir était de s'entretenir avec eux de choses édifiantes, et surtout de la Passion de notre divin Maître, qu'il ne perdait jamais de vue. C'était dans la contemplation de cet objet, si cher aux âmes pures, qu'il puisait cette résignation parfaite qui fut à l'épreuve des plus grandes douleurs. Jamais il ne lui échappa un seul mot de plainte et de murmure. Quand on lui demandait s'il souffrait, sa réponse ordinaire était : *il faut bien souffrir quelque chose pour mériter le Ciel.* Lorsqu'on lui manifestait le désir de demander à Dieu sa guérison : Dieu est le maître, répondait-il, *il fera de moi ce qu'il voudra, tout pour sa plus grande gloire!* Le Ciel où se portaient toutes ses pensées lui faisait oublier ses douleurs ; il aurait voulu les faire oublier à ses parents, toujours empressés autour de lui. Voyant un jour que son père était plus triste et plus inquiet qu'à l'ordinaire, il lui dit avec attendrissement : *Pourquoi vous attristez-vous ainsi, cher papa, ne vous inquiétez que lorsque vous verrez que je m'inquiète moi-même; d'ailleurs, ne savez-vous pas que le médecin a dit que ma maladie ne pouvait qu'être longue ?* Ce n'est pas qu'il se fît illusion à cet égard : il connaissait le danger de son état, mais il craignait d'alarmer sa famille, et tâchait de la tranquilliser autant qu'il était en lui. *On voudrait me faire croire,* dit-il un jour à ses amis, *que je relèverai de cette maladie ; il faut faire comme si je le croyais; mais je sais bien que l'année prochaine je ne serai plus de ce monde.* En effet, son état devenait tous les jours plus alarmant, et bientôt on désespéra tout à fait de sa guérison. Cette nouvelle si terrible aux gens du monde, n'altéra point la joie et la tranquillité du vertueux jeune homme. Entièrement dégagé de tout ce que le monde recherche et ambitionne, la terre n'était pour lui que comme un lieu d'exil et de pèlerinage, il soupirait avec ardeur après l'heureux moment où, ses liens étant brisés, il irait se réunir à celui qui faisait toute sa joie et sa consolation.

Bientôt on eut la douleur de voir vérifier les pressentiments que le Seigneur lui avait donnés de sa mort prochaine, et qu'il manifesta lui-même à un de ses amis, en le quittant, à la fin des vacances de 1829. *Adieu*, lui dit-il, *préparons-nous à la mort, elle arrivera plus tôt que nous ne pensons. Je crois que l'année prochaine un de nous deux ira paraître devant le Souverain Juge, adieu donc, mon cher ami, et peut-être adieu pour toujours!* Il désirait mourir au Séminaire au milieu de ses condisciples, afin d'avoir l'avantage d'être enterré à *Saint-Gabriel* (1), où il était sûr, disait-il, que toutes les semaines, chaque séminariste dirait pour lui un *De profundis* sur sa tombe. Mais il entrait dans les desseins de la Providence que Louis vint mourir au sein de sa famille, pour lui donner le spectacle des vertus qui rendent précieuse la mort des prédestinés.

Sur la fin de décembre, son mal aggravé par la rigueur du froid, précipita ses derniers jours. Louis se disposa de plus près à offrir à Dieu le sacrifice d'une vie dont tous les instants lui avaient été consacrés. Ce fut avec un redoublement de ferveur et

(1) *Saint-Gabriel* est le nom de la maison de campagne du Séminaire *Saint-Charles*, où se trouve un cimetière pour la communauté.

d'amour qu'il reçut, pour la dernière fois, la visite de son Dieu, que l'état de sa maladie ne lui permit pas de recevoir aussi souvent qu'il l'aurait désiré. Jusque dans ses derniers moments, le charitable jeune homme se souvint des pauvres qu'il avait toujours aimés, il pria sa maman de leur donner sa soutane et ses autres habits qui lui restaient. Toujours plein de tendresse et de reconnaissance pour ses parents, il tâchait de les consoler de la douleur qu'ils avaient de le perdre, en les assurant qu'il mourrait sans regrets, et que c'était même avec plaisir qu'il quittait le monde : car, leur disait-il, *que me servirait-il de vivre plus longtemps ? le bon Dieu en serait plus offensé, et je n'en aurais qu'un compte plus terrible à lui rendre au jour du jugement.*

Ici nous laisserons parler le père même de Louis, dans une lettre écrite peu de jours après la mort de son fils, et dans laquelle il donne les détails les plus édifiants sur ses derniers moments. « Vers le matin, dit-il, du jour fatal qui nous l'a enlevé (c'était le 1er janvier 1830), sa maman qui l'avait constamment soigné dans sa maladie, lui ayant souhaité la bonne année, et l'engageant à demander lui-même à Dieu, pour étrennes, sa guérison, Louis lui rendit le même souhait, en ajoutant : *Dieu est le maître ; que sa sainte volonté s'accomplisse ! Tout pour sa plus grande gloire !* Quelques heures après, il ressentit une douleur aux oreilles qui lui fit perdre l'ouïe. Alarmés de ce nouvel accident, nous fîmes appeler son Directeur, qui lui administra le sacrement des mourants, et lui fit appliquer les indulgences plénières. L'ouïe lui revint aussitôt parfaitement ; mais bientôt il perdit l'usage de la parole, conservant néanmoins toute sa connaissance jusqu'à son dernier soupir. Son Directeur ne le quitta plus, lui suggérant de saintes pensées, et l'entretenant de la gloire du Ciel où il allait bientôt entrer. Louis répondit à tout par des signes d'approbation, exprimant le désir qu'il avait d'être uni pour jamais à son Créateur et pressant sur son cœur l'image de Jésus crucifié. Il nous fit enfin les adieux les plus attendrissants, et nous promit sur notre demande de ne pas nous oublier auprès du Dieu des miséricordes. Ce fut dans ces beaux et précieux sentiments qu'il expira tranquillement, presque sans douleur apparente, et que sa belle âme s'envola dans le sein de la Divinité. Ses yeux restèrent entr'ouverts, et ses lèvres, couleur de rose, exprimaient un doux et pieux sourire. Ah ! il n'appartenait, sans doute, qu'à un saint, de mourir ainsi. Le Directeur de la Congrégation, dont il était membre, ne craignit pas, quelques instants avant comme après sa mort, de le proposer pour modèle à ses pieux amis, qui étaient venus assister à ses derniers moments. Il fut même jusqu'à dire qu'il voudrait bien lui-même occuper sa place et lui donner la sienne. Mon fils cadet, qui eut le bonheur d'être présent à ce spectacle, qui nous accablait tous, vivement touché d'une si belle mort, s'écria : *Mon Frère est mort en saint !!!*

« La nouvelle de cette mort attira, dès le soir même et toute la journée du lendemain, un grand nombre d'âmes pieuses qui voulurent voir encore une fois celui qui les avait si souvent édifiées. On était tellement persuadé de sa sainteté que, bien loin de prier pour le repos de son âme, on venait, au contraire, lui demander des grâces auprès de Dieu. Plusieurs coupèrent de ses cheveux et de sa soutane qu'ils regardaient comme des reliques : et si l'on n'avait eu soin de bien garder son corps, et d'arrêter les pieux élans des nombreux fidèles qui assistèrent à son convoi, peut-être aurait-il été entièrement dépouillé de ses habits, et porté nu à sa sépulture. Chacun disait : C'est un Saint, c'est un second Louis de Gonzague. »

C'est ainsi que Dieu se plut à honorer aux yeux des hommes et par les mains d'un peuple entier, la vertu modeste et ignorée jusqu'au jour de son triomphe.

P.-S. Il serait difficile de peindre ici l'impression douloureuse que fit cette nouvelle accablante sur tous les élèves du Séminaire d'Avignon. Ils se rappelaient, avec attendrissement, les vertus de celui que la mort venait de leur ravir. M. le Supérieur fit son éloge devant la communauté, et n'hésita pas à le proposer pour modèle aux plus fervents séminaristes.

ÉPITAPHE GRAVÉE SUR LE TOMBEAU DE LOUIS

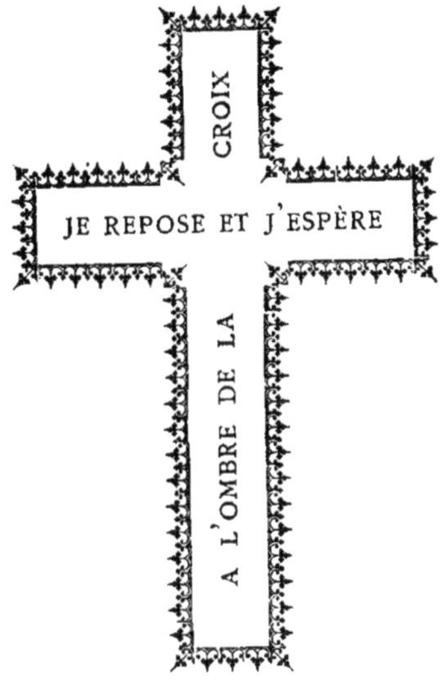

Hic jacet

ANTONIUS-HYACINTHUS-LUDOVICUS ROCHE,

Dignus Ecclesiæ clericus,

Obdormivit in Domino,

Primâ die januarii, anno MDCCCXXX,

Ætatis vero suæ decimo nono.

Consummatus in brevi, explevit tempora multa :

Et omnes intuebantur faciem ejus tanquàm

Faciem Angeli.

†

RÈGLEMENT PARTICULIER

DE

M. ROCHE

POUR LE TEMPS DU SÉMINAIRE

Je donnerai, en m'éveillant, mon cœur à Dieu ; je baiserai le signe de notre Rédemption ; je prononcerai les doux noms de Jésus, de Marie et de Joseph. Je m'occuperai de quelque sainte pensée ou du sujet de mon oraison pendant que je m'habillerai. Je prendrai avec respect et reconnaissance le saint habit de religion, je le baiserai en prononçant les paroles de ma consécration : *Dominus pars*, etc.

J'offrirai à Dieu toutes mes actions dès le commencement de la journée. Je me mettrai sous la protection de la très-sainte Vierge, de mon Ange gardien et de mes saints Patrons. Je penserai que peut-être ce jour sera le dernier de ma vie. Je demanderai à Dieu la persévérance.

Je m'abandonnerai entièrement à l'esprit de Dieu pour faire oraison. J'y prendrai des résolutions particulières. Je prévoirai les occasions de chûte ; je prierai Dieu de m'en préserver.

La Messe étant le mémorial de mon Dieu mort pour moi sur la croix, je dois y assister avec les sentiments de respect et d'amour dont j'aurais été pénétré, si je m'étais trouvé sur le calvaire au moment où s'opéra la Rédemption du genre humain. J'y demanderai toujours une grâce particulière. Je ferai la même chose au chapelet.

ETUDES. J'étudierai avec attention les matières qui me seront prescrites. Je n'aurai en vue dans mes études que la gloire de Dieu ; avant de commencer, j'implorerai les lumières de l'Esprit-Saint, et je terminerai par le *Sub tuum*, etc.

REPAS. Je dois prendre mes repas avec humilité, obéissance et reconnaissance. Avant de déplier ma serviette, je me recueillerai un moment pour renoncer à l'intempérance de la chair. Je ne sortirai jamais du réfectoire sans y avoir fait quelques mortifications.

CLASSES. En classe, j'écouterai avec attention les explications que donnera M. le Professeur, et lorsque je serai obligé d'y parler, je renoncerai d'avance à mon propre esprit.

RÉCRÉATIONS. Je dois y pratiquer l'humilité, me regardant indigne de converser avec les hommes et surtout avec des ecclésiastiques, après avoir mérité par mes péchés de ne converser qu'avec les démons. Je n'y dirai donc rien, je n'y ferai rien par amour-propre. Je dois également y pratiquer la charité fraternelle, ne rebutant, ne contrariant jamais personne. Je dois m'appliquer en particulier à ne jamais faire de jugements téméraires ; pour cela, je me regarderai le dernier de tous. Mais comme je ne puis rien de moi-même dans l'ordre du salut, je demanderai à Dieu la grâce de passer saintement ce temps où je l'offense si souvent. Je me mettrai sous la protection de la très-sainte Vierge, de mon bon Ange et de mes saints Patrons. Au *Sursùm corda* et à la visite que je ferai à la sainte Vierge, je penserai spécialement à Dieu, et je ferai en sorte que cette pensée m'occupe de temps en temps dans les récréations.

VISITES AU SAINT SACREMENT. Dans les visites que je ferai au saint Sacrement, je demanderai l'humilité. Je m'humilierai devant Dieu et ferai la communion spirituelle. Je ferai chaque jour, pour le moins, deux visites à la sainte Vierge. Dans l'une, je demanderai à Dieu, par l'entremise de Marie, la sainteté de l'état ecclésiastique, et dans l'autre, la persévérance. Je me consacrerai chaque jour à la Mère de Dieu.

EXAMENS. J'examinerai ma conscienee quatre fois le jour. Ce sera ordinairement après la classe du matin, après la récréation de midi, après la classe du soir et avant de me coucher. J'y renouvellerai mes résolutions. Je m'humilierai et demanderai pardon à Dieu de mes misères. Je me mettrai, comme le matin à l'oraison, sous la protection de la sainte Vierge, de mon bon Ange et de mes saints Patrons.

PRIÈRE DU SOIR. Je m'unirai à celui qui la fera. J'écouterai avec attention le sujet d'oraison que je préparerai ensuite en mon particulier. Je ferai, le soir, avant de me coucher, une courte préparation à la mort, et je tâcherai de m'endormir dans quelques saintes pensées.

Deus meus et omnia.

J'offrirai à Dieu mes principales actions ; je ferai en sorte d'élever de temps en temps mon cœur à Dieu, et spécialement lorsque j'entendrai sonner l'horloge.

Je n'agirai uniquement que pour Dieu, que pour sa plus grande gloire. Je me donne tout entier à lui, je renonce à tout ce qui n'est pas lui, ou pour lui. Je ne veux chercher, en un mot, que Dieu seul dans toutes mes actions. A. M. D. G. — D. M. et O.

La charité fraternelle doit être chère à mon cœur. Je ferai donc tout ce que je pourrai pour rendre service à mon prochain, et cela pour plaire à Dieu.

J'accomplirai exactement la volonté de mes supérieurs, ne voyant que Jésus-Christ en leur personne.

Je m'occuperai de la présence de Dieu, en passant d'un exercice à un autre. Je réciterai avec grande attention les prières avant et après les classes, les repas, les études, etc.

En entrant dans ma chambre, je saluerai la sainte Vierge, en lui disant avec l'Ange : *Ave, Maria,* etc. En sortant, je lui ferai cette courte invocation : *Maria sine labe concepta, ora pro nobis.*

Je renouvellerai mes résolutions dans mes visites au saint Sacrement et en sortant de ma chambre. — J. M. J.

Chaque semaine, je m'attacherai à combattre en moi un vice dominant, à acquérir la vertu opposée et à pratiquer quelques mortifications particulières. Je ferai le choix de ces résolutions chaque dimanche, et le dimanche suivant, j'examinerai où j'en suis sur cet article. Chaque jour, après la sainte Messe ou dans la matinée, je me rappellerai ce qui aura fait le sujet des résolutions de la semaine, et je formerai le bon propos de les exécuter avec la grâce de Dieu.

Retraite du mois. Je ferai dans la première semaine de chaque mois une retraite spirituelle. J'y lirai mon règlement particulier et mes résolutions.

Je n'oublierai jamais de terminer ma retraite par le saint exercice de la préparation à la mort.

Je consacre : 1° le Dimanche à la très-sainte Trinité. — Me renouveler ce jour-là dans l'esprit ecclésiastique. *Dominus pars*, etc.

2° Le lundi au Saint-Esprit. — M'abandonner à ce divin Esprit, lui demander les grâces nécessaires pour éviter le péché et pour pratiquer la vertu. *Veni, sancte Spiritus*, etc.

3° Le mardi à mon Ange gardien. — Le remercier particulièrement du soin qu'il prend de moi, et lui demander de plus en plus son assistance. *Angele Dei qui custos es mei*, etc.

4° Le mercredi à saint Joseph et à mes saints Patrons. — Penser ce jour-là plus particulièrement à la mort. *Si modo moriturus esses, hoc faceres?*

5° Le jeudi au Saint-Sacrement. — Faire très-souvent la communion spirituelle. *O sacrum convivium*, etc.

6° Le vendredi à Jésus-Christ. — Penser à la passion. *Inspice et fac secundum exemplar...*

7° Le samedi à la très-sainte Vierge. — Je me consacrerai de nouveau à Marie ; je ferai quelques mortifications en son honneur. *O Domina mea.*

Confessions. Me présenter tous les huit jours au sacrement de Pénitence. Examiner ma conscience sans contention, mais aussi sans tiédeur. Demander à Dieu la contrition ; m'y exciter par des motifs surnaturels, m'humilier profondément ; implorer l'assistance de la sainte Vierge, de mon bon Ange et de mes saints Patrons ; me bien persuader de cette vérité que c'est à Jésus-Christ que je vais me présenter.

COMMUNIONS. Quand j'aurais toute la sainteté des Anges, je ne mériterais pas de recevoir le Dieu trois fois Saint. Quelle grâce me fait donc ce Dieu tout aimable, de vouloir bien venir à moi misérable pécheur ! mon Dieu oublie qu'il est mon créateur et que je suis sa pauvre créature ; il oublie sa grandeur et ma bassesse, sa sainteté et mon extrême misère, ses perfections infinies et mon néant ! Oh ! quelle pureté ne devrais-je pas avoir pour m'approcher de celui qui voit des taches dans ses Anges mêmes ! Je dois donc me présenter à la Sainte Table avec l'humilité du Centenier et l'ardent amour du Prince des Apôtres. *Domine, non sum dignus..... Domine, tu scis quia amo te.*

Je dois me mortifier souvent ; la justice m'en fait un devoir. C'est d'ailleurs la route que m'a tracée mon divin modèle. Je me mortifierai donc principalement dans mes repas. Les mortifications intérieures doivent m'être aussi fort à cœur.

ESPRIT DE FOI. 1° Je dois prendre, au Séminaire, l'habitude si nécessaire à un prêtre, de ne rien faire par des motifs purement humains, ou par routine ;

mais je dois penser, parler et agir toujours avec des intentions surnaturelles, par esprit de foi en union avec Jésus-Christ : *per ipsum, cum ipso et in ipso.* 2° Avoir cet esprit de foi, en entrant dans le lieu saint, en faisant la génuflexion, en prenant de l'eau bénite, en faisant le signe de la croix, dans les cérémonies ; en récitant les prières qui précèdent et qui suivent les exercices, dans les actions même les plus indifférentes, dans les rapports avec le prochain. Ne chercher que la sainte volonté de Dieu, les intérêts de l'Eglise et ma propre sanctification ; demander souvent à Dieu cette grâce. — *Union à Dieu, humilité, mortification, charité fraternelle, modestie* (1).

(1) M. Roche aimait tellement ces vertus, qu'il se les rappelait à la fin de tous ses écrits.

SENTIMENTS

DE

M. ROCHE

SUR SON ORDINATION

Dominus pars hæreditatis meæ et calicis mei, tu es qui restitues hæreditatem meam mihi. Qu'elles sont consolantes, ô mon Dieu, ces paroles que je viens de prononcer dans ma consécration ! Qu'elles rappellent à mon cœur de bien doux souvenirs ! Oui, vous êtes mon trésor et mon unique bien ; vous êtes mon partage pour le temps et pour l'éternité. *Pars mea Deus in æternum.* Que vous êtes bon, Seigneur, pour l'âme qui vous cherche ! Non-seulement vous m'avez conservé la vie lorsque je ne méritais que la mort ; mais, de plus, vous m'avez pardonné toutes mes iniquités ; vous m'avez donné mille fois des gages de votre amour, en me nourrissant de votre chair adorable ; vous m'avez appelé dans cette sainte maison, dans cette aimable retraite où vous ne cessez de me combler tous les jours de nouvelles faveurs. Vous venez enfin de couronner vos bienfaits en me dépouillant de l'ignominie du siècle, pour me consacrer à vous dans l'état le plus saint et le plus redoutable. O mon âme ! bénissez le Seigneur, et que tout ce qui est en moi publie son saint Nom ! *Benedic anima mea Domino, et omnia quæ intra me sunt nomini sancto ejus.* O mon Sauveur et mon bon Maître ! oserai-je vous abandonner de nouveau, après vous avoir choisi pour mon unique bien ? Ne permettez pas, ô mon Dieu ! que je me rende jamais coupable d'une si noire ingratitude ; faites que je n'oublie jamais les promesses solennelles que je viens de vons faire aux pieds de vos autels : que je n'aie jamais plus le malheur de vous offenser véniellement de propos délibéré. Je veux, de mon côté, faire tout ce qui dépendra de moi. Je travaillerai plus que jamais à marcher sur vos traces, et à me perfectionner dans les vertus de mon état ; je vous demanderai principalement l'humilité, la modestie, l'amour des souffrances, le mépris du monde et de ses vanités. Voici donc, ô mon Dieu ! ce que je suis résolu de faire avec le secours de votre grâce.

1° Je considérerai souvent dans la journée mon néant et ma misère. Je n'oublierai jamais que je ne suis qu'un ver de terre, qu'un misérable pécheur, digne d'être méprisé de toutes les créatures. L'expérience de ma vie passée suffira pour me convaincre de mon impuissance à faire de moi-même quelque chose de bon dans l'ordre du salut. Hélas !

j'ai offensé mille fois mon Dieu ; ce Dieu d'une majesté infinie, ce bon père qui ne répondait à mes offenses que par de nouveaux bienfaits. Mais vous le savez, ô mon Dieu ! je ne puis être fidèle à ces résolutions sans le secours de votre grâce : donnez-moi donc, Seigneur, ce parfait mépris de moi-même que vous voyez m'être si nécessaire. Hélas ! je me recherche dans presque toutes mes actions, je me glorifie intérieurement à chaque instant, tandis que je devrais m'humilier profondément à la vue de mes péchés passés et de ma misère présente. O mon aimable Sauveur ! faites que je n'oublie jamais ces divines paroles que vous adressiez autrefois à vos bien-aimés disciples : *Discite à me quia mitis sum et humilis corde.*

2° Je dois être entièrement crucifié au monde et à ses vanités. Je dois mourir à l'estime des hommes et me réjouir d'en être méprisé. Je pratiquerai donc la modestie et la pauvreté dans mes habits et dans tout ce qui est à mon usage. Oh ! si j'avais le malheur de vouloir faire revivre en moi l'esprit du monde, après y avoir renoncé solennellement aux pieds des saints autels, à quels malheurs intérieurs ne devrai-je pas m'attendre ! si j'osais profaner par le luxe et par la vanité le saint habit de religion dont l'église m'a honoré ! Ne permettez pas, ô mon Dieu ! que je me laisse jamais aller à de pareils désordres. Vous n'aviez pas, ô mon Jésus ! où reposer la tête, et moi, misérable néant, j'aimerai le faste et la vanité! non jamais! plutôt mourir mille fois!

3° Je dois m'appliquer à devenir un homme intérieur qui n'agisse plus que par les vues de la foi; est-ce là cependant ce que je fais? Hélas! que je suis éloigné de cette disposition! La mortification des sens, la modestie, le recueillement, l'oraison, l'esprit de foi, la présence de Dieu, les oraisons jaculatoires devraient faire mes délices et mon unique occupation, et je les connais à peine!..... O mon Dieu! où en serai-je, dans le monde, si je ne suis pas intérieur! Comment fréquenter le monde sans en prendre les maximes, si l'on n'est pas intérieur? Comment donner de bons conseils aux fidèles, comment les toucher, les réconcilier à Dieu, leur faire goûter les vérités du salut, si l'on n'est pas pénétré soi-même de ce qu'on leur dit; et comment en être pénétré si l'on n'est pas intérieur, si l'on n'est pas homme d'oraison! Comment ne pas se familiariser avec les choses saintes, comment se garantir de la routine dans les fonctions sacrées du ministère sans l'esprit d'oraison et de recueillement! O mon Dieu! ce n'est point de moi-même que je suis entré dans votre sanctuaire; je n'ai fait qu'obéir à votre volonté manifestée par celle de mes supérieurs. Venez donc à mon aide, et donnez-moi les vertus que vous demandez de moi! Faites, par votre grâce, que je n'agisse en tout que par des vues très-pures, par les vues de la foi; que je marche toujours en votre sainte présence, afin de m'entretenir intérieurement avec vous ; que je garde fidèlement la modestie des yeux et le recueillement, me souvenant de ce qu'on nous a dit, que la mort pénétrait par les yeux jusqu'au fond de notre âme.

4° Jésus, attaché à la croix, et souffrant sans se plaindre les douleurs les plus cruelles, sera mon modèle pour la mortification. *Inspice et fac secundùm exemplar, etc*... Ma foi doit être aussi très-vive ; j'en ferai des actes de temps en temps, le matin surtout au commencement de la Messe. Pendant la journée j'élèverai de temps en temps mon cœur à Dieu par des oraisons jaculatoires, afin de n'agir en tout que pour la gloire de Dieu. Enfin, je dois me préparer de loin au divin sacerdoce, dans tout le temps qui me reste à passer dans cette sainte maison, afin de procurer un jour dans le saint ministère la gloire de Dieu et le salut des âmes qui me seront confiées ; car, si je n'y prends garde, si je ne fais, pour ainsi dire, provision de vertus pendant mon séjour au Séminaire, je serai bientôt accablé sous le poids de cette dignité, et je ne pourrai peut-être éviter les dangers infinis qu'elle renferme. Recevez, ô mon Dieu ! ces résolutions que vous m'avez inspirées ; achevez en moi ce que votre grâce y a commencé, *confirma hoc, Deus, quod operatus es in nobis*..... je vous donne aussi mon cœur ; recevez-le tout entier ; car il est trop petit pour le partager avec la créature. Tout à vous, ô mon Jésus! pour le temps et pour l'éternité, *portio mea Deus in æternum...., Passer invenit sibi domum et turtur nidum sibi, ubi ponat pullos suos; altaria tua, Domine virtutum!... Quàm dilecta tabernacula tua, Domine virtutum! concupiscit et deficit anima mea in atria Domini.*

Vierge Sainte et Immaculée, c'est à vous que j'ai recours, vous êtes ma mère et ma patronne, à qui je me consacre en ce jour d'une manière spéciale. Daignez bénir ces résolutions et obtenez-moi la grâce d'y être à jamais fidèle. Ainsi soit-il.

RÉSOLUTIONS PARTICULIÈRES. — 1° Ne jamais quitter la soutane, même en voyage. 2° Faire renouveler ma tonsure ordinairement tous les samedis. 3° Me renouveler dans l'esprit ecclésiastique, lorsqu'on me fera la tonsure ou qu'on me coupera les cheveux.

A. M. D. G.

Le 31 mai 1828, au Séminaire de Saint-Charles, à Avignon.

L. ROCHE,

ECCLÉSIASTIQUE.

Abbeville. imprimerie C. Paillart.

www.ingramcontent.com/pod-product-compliance
Ingram Content Group UK Ltd.
Pitfield, Milton Keynes, MK11 3LW, UK
UKHW021520260726
13993UKWH00004B/1787